VERSECIRCUS

Peter Heinl

VERSECIRCUS

THINKAEON

Copyright © Peter Heinl, 2016
Thinkaeon®
Thinkclinic® Publications
Thinkclinic® Limited
32 Muschamp Road
GB London SE15 4EF

ISBN 978-0-9935802-4-6

Der Autor/Verlag dankt für das Respektieren des folgenden Hinweises: Alle Rechte vorbehalten. Der Nachdruck ist, auch auszugsweise, nicht gestattet. Kein Teil dieses Werkes darf ohne schriftliche Einwilligung des Autors/Verlags in irgendeiner Form (Fotokopie, Mikrofilm, Digital, Audio, TV oder irgendeinem anderen Verfahren) – auch nicht für Zwecke der Unterrichtsgestaltung – reproduziert oder unter Verwendung elektronischer Systeme verarbeitet, vervielfältigt oder verbreitet werden.

www.thinkclinic.com
drpheinl@btinternet.com
Twitter: @DrPeterHeinl und @Thinkclinic
Facebook: peter.thinkclinic und thinkclinic
LinkedIn: Peter Heinl
Xing: Peter Heinl

Gestaltung und Umsetzung: uwe kohlhammer
Umschlagabbildung: Peter Heinl

Venla und Vilma,

kleinen und doch großartigen Lachkünstlerinnen

gewidmet

INHALT

Vorwort 11

Goldener Fisch 15

Suppe 17

Tagewerk 19

Lakritz 21

Akkordeon 23

Liese 25

Violett 27

Papagei 29

Lampion 31

Klavier 33

Sorgen 35

Spiel 37

Langer Lulatsch 39

Brille	41
Blinde Augen	43
Katze	45
Versteck	47
Baum	49
Baden	51
Uhr	53
Gänsehaut	55
Krokodile	57
Tante Adele	59
Geigenspiel	61
Brief	63
Fledermaus	65
Grab	67
Geier	69
Verse	71
Licht und Schatten	73
Lofoten	75

Blauer Mond ... 77

Witz ... 79

Täubchen ... 81

Meer ... 83

Wagen ... 85

König ... 87

Zeilen ... 89

Verschlafene Zeit ... 91

Vier Gesellen ... 93

Flasche ... 95

Flunder ... 97

Blinde Kuh ... 99

Enten ... 101

Zusammensein ... 103

Schnupftabak ... 105

Flamingo ... 107

Oper ... 109

Kerze ... 111

Traum 113

Krieg 115

Nikolaus 117

Großvater 119

Sprachlos 121

Abendspaziergang 123

Blick 127

Stiller Schmerz 129

Melodien 131

Küsschen 133

Dank 135

Über den Autor 137

Bücher von Hildegund Heinl und Peter Heinl 139

VORWORT

Als ich vor vielen Jahren eines Morgens, noch im Halbschlaf vor mich hin träumend, im Bett lag, war es, als würden die Worte in meinem Kopf ein Vergnügen daran haben, sich, wie Kinder, die sich beim Tanzen die Hände reichen, zu kleinen Versen zu verknüpfen. Ich war so überrascht von dem, was in meinem Kopf geschah, dass ich alsbald das Licht anknipste, um die Verse zu Papier zu bringen.

Noch während ich auf der Bettkante saß, überkam mich das Gefühl, dass mir noch viele andere Verse einfallen würden. Und so geschah es dann auch. Vers um Vers purzelten mir in solch schneller Folge in den Sinn, dass ich Mühe hatte, sie alle aufzuschreiben. Als am Abend die Dunkelheit anbrach, standen die Verse auf Papierbögen, auf Zetteln, ja, auch auf Servietten und Packpapier. Und so ging es einige Tage. In der gleichen Reihenfolge wie mir damals die Verse in den Sinn kamen, und in nahezu unveränderter Form, habe ich sie in diesem Buch niedergeschrieben.

Als ich dann die Verse eines Abends las, wünschte ich mich wieder in die magische Welt der Kindheit zurückversetzt. Wie gern hätte ich alles liegen- und stehengelassen, um wieder tagelang, ja, wochenlang die Zeit an mir vorüberstreifen und vergehen zu lassen, um nichts anderes zu tun, als zu schauen, zu staunen, zu spielen und hier und da auch Unsinn zu machen. All denen, ob klein oder groß, die jetzt eine ähnliche Neigung verspüren und Zeit und Lust haben, ihr nachzugehen, wünsche ich eine schöne, erfüllte, reiche Zeit.

Mögen die Verse in diesem Buch kleine Begleiter für den Ausflug in die wundersame Landschaft der Erinnerungen an die Kindheit sein.

Gewährt euch eine wunderbare Zeit.

Lebt froh und munter und voll Heiterkeit.

Die Verslein reichen euch die Hand

zur Reise in das Kindheitsland.

Viel Freude und viel Spaß wünscht

Peter Heinl   Sommer 2016

Goldener Fisch

Der goldne Fisch schwimmt im Aquarium

tagein, tagaus im Kreis herum.

Wie er das wohl macht

und niemals lacht?

Ich würd so gerne mit ihm sprechen

anstatt zu zählen und zu rechnen.

Was tät er mir erzählen

vom immer Schwimmen und Im-Kreise-Drehen?

Suppe

Tante Emma hasst das Kochen.

Sie tut den ganzen Tag malochen.

Tante Emmas Suppe, die ist fürchterlich.

Und Tante Emma, du, ich fürchte dich.

Ich stups dich in die Suppe

wie Wilhelminas Puppe.

Dann rühr ich immerzu

und dann ist endlich Ruh.

Tagewerk

Heute lass ich Drachen steigen,

morgen tu ich geigen.

Dann ess ich viele süße Feigen

und tu dem Willy zeigen

wie man beim Reigen

Schritte macht.

Und dann, dann ist mein Tagewerk vollbracht.

Gute Nacht.

Lakritz

Ich hab so gern Lakritz,

das ist noch länger als der Fritz.

Es ist so lang und auch zum Ziehn

und herrlich schwarz und glitschig anzufühln.

Akkordeon

Ich liebe das Akkordeon

mit seinem wunderbaren, selig lang gezognen Ton.

Da werd ich ruhig und ganz entspannt

und träum von einem fernen, friedlich goldnen Land.

Liese

Gerne lieg ich auf der Wiese,

dann denk ich an die Liese.

Da lieg ich unter dem Kastanienbaum

und hab 'nen wunderschönen Traum.

Die Liese und mein Ich,

wir mögen uns ganz fürchterlich.

Das bleibt ganz unter uns

und weiß nicht mal der Kunz.

Doch in fünfzehn Jahren,

da wird's die Welt erfahren.

Dann sind wir nämlich groß

und feiern Hochzeit hoch zu Ross.

Violett

Der grüne Frosch ist lieblich anzusehn

und quakt ganz schön.

Ich liebe violett

und finde Ännchen nett.

Papagei

Ich wünsch mir 'n leuchtend bunten Papagei,

dann sind wir zwei

und singen lust'ge Lieder

als seien wir zwei Brüder.

Lampion

Der Lampion, der ist so leuchtend schön

und traumhaft anzusehn.

Leise wiegt er sich im Wind

und lächelt wie ein kleines Kind.

Klavier

Kla-eins, Kla-zwei, Kla-drei, Klavier,

ick liebe dir.

Kla-fünf, Kla-sechs,

du bist die Hex'.

Kla-sieben,

du zählst die roten Rüben.

Kla-acht, kla-neun, Kla-zehn,

du musst nun in die Küche gehn

… zum Abwaschen.

Sorgen

Ich schaukle gar so gern im Wind,

als wäre ich ein Wolkenkind.

Da weht es aus dem Kopf die Sorgen

und das, was kommt am Morgen.

Spiel

Komm, Joseph, spiel mit mir.

Ich bin doch so allein.

Ich bin auch lieb zu dir

und werd es immer sein.

Langer Lulatsch

Der lange Lulatsch

macht viel Quatsch.

Er steckt den Kopf in den Kamin

und streckt die Hand bis dahin, wo die Wolken ziehn.

Brille

Die Sterne sind so engelzart und fein

und putzen ihren Silberschein.

Sie sind so reizend schön und stille

und ich, ich putz nun meine Brille.

Blinde Augen

Grüne Tinte, blaue Tinte,

Fritzchens Schrift ist rot.

Arme Hedwig ist ganz blinde,

denn die Augen, sie sind tot.

Katze

Ich mag die schwarze Katze,

denn so sanft ist ihre Tatze.

Sie zeigt mir nicht die Krallen,

es tut mir sehr gefallen.

Versteck

Hinter den Stachelhecken

da ist mein Verstecken.

Dort ist's ganz grün und still.

Dort tu ich, was ich will.

Baum

Der schöne Baum,

der wiegt mich in den Traum.

Jetzt ist er, ach, gefällt.

Was für eine böse Welt.

Da liegt er nun am Straßenrand.

Er kann nicht einmal klagen.

Was täte er wohl sagen,

täte man ihn fragen?

Sein Harz, das fließt wie Blut,

und in der Sommerglut

werden seine Blätter leblos braun,

so endlos traurig anzuschaun.

Was würd ich alles geben,

damit die Blätter wieder leben.

Baden

Am Bach da steht ein Schild:

'Verboten ist das Baden'.

Doch im Traume spring ich wild

ins Wasser, ganz tief bis an die Waden.

Uhr

Die Uhr macht tick und tack.

Der Zeiger schiebt sich rastlos weiter.

Ich stehe auf der Hühnerleiter

und wachse immer weiter.

Die Hose ist schon viel zu klein

und nicht mehr schick und fein.

Man sieht schon meine Waden.

So geh ich mit der Hose baden.

Gänsehaut

Onkel Friedrich seine Kinder haut,

da krieg ich eine Gänsehaut.

Ich möcht mich ganz verstecken

und nur Pralinen schlecken.

Krokodile

In Ägypten, in dem Nile,

gibt's riesig große Krokodile.

Sie lauern reglos in dem Wasser

und werden nass und nasser.

Sie sind ganz nass

und tun, als macht es großen Spaß.

Dann sperrn sie auf das Maul

und fressen einen mächtig großen Gaul.

Tante Adele

Tante Adele

liebt Kamele.

Sie war mal in der Wüste,

wo sie vor vielen Jahren jemand küsste.

Sie sagt, es war ein schöner, ewig langer Kuss.

Doch war's 'ne schwarze Nacht.

Da hat sie nicht gedacht:

War's vielleicht 'ne Kokosnuss,

die ihr geschenkt den ewig langen Kuss?

Geigenspiel

Ich kratze auf der Geige

mit Arm, dem Daumen und dem Fingerzeige.

Die taube Oma tut's nicht hören

und Gott sei Dank nicht stören.

Brief

Der Postmann bringt 'nen Brief.

Die Marke, sie klebt schief.

Ich kann die Schrift gut lesen.

Ich bin's ja selbst gewesen.

Fledermaus

Ich wär so gern 'ne Fledermaus.

Dann flög ich nachts zum Juttchen aus.

Dann flattern wir im Dunkeln rum

und lachen uns ganz schrecklich dumm.

Grab

Hinter der Mauer,

geschützt vom Regenschauer,

da ist ein kleines Grab.

Da liegt mein süßes Kätzchen, wo es starb.

Geier

In den Anden kreist der Geier.

Er holt sich große, leckre Eier

und manchmal auch 'ne Leier,

so sagt es Fräulein Meier.

Verse

Tante Hermine

öffnet die Vitrine.

Verse purzeln raus,

welch ein Ohrenschmaus.

Die Verse klettern in ihren Kopf.

Sie zupfen sie am Schopf.

Die Verse flüstern ihr: „Vergiss uns nie,

wir sind die Fantasie."

Licht und Schatten

Licht und Schattenspiel,

so leicht und ohne Ziel.

Ich freu mich, es zu sehn.

Es ist so wunderschön.

Lofoten

Ich träume von hohen Wellen,

von blauen Kanälen,

mit roten Booten

und auch den Lofoten.

Wer auf die Lofoten will reisen,

kann nicht fliegen wie Meisen.

Er braucht ein großes Schiff

und auch ein kleines bisschen Pfiff.

Blauer Mond

Blauer Mond, ach, kreis doch nicht so ferne.

Ich hab dich doch so gerne.

Komm ein bisschen näher an mich ran,

damit ich mit dir spielen kann.

Witz

Was hab ich neulich so gelacht.

Der Anton hat 'nen Witz gemacht,

und zwar von einer Schnecke,

die fuhr per Fahrrad um die Ecke.

Täubchen

Täubchen, du turteliges Ding,

singst du schöner als ich sing?

Nein, du kannst nur flattern

und schmusend Stund' um Stund' verschnattern.

Meer

Am Meer, da war's so schön.

Ich will nicht mehr nach Hause gehn.

Am Meer, da konnt ich lange Stunden stehn,

dem Tanz der Wellen zuzusehn.

Auf und ab und immer weiter,

hoch und tief und immer heiter.

Ein unendliches Spiel

ohne Ziel,

immer tanzend lebendig,

immer fließend beständig.

In weißlichem Schaum

und dann in neckischem Flaum.

Und immer die Wellen, wie ein Kind,

gewogen im Winde sind.

Hier möcht ich bleiben und stehn,

einfach nur stehn

und sehn.

Nein, ich möcht nicht nach Hause gehn.

Wagen

Im schaukelnden Wagen

da lässt's sich ertragen.

Da weht mir der Wind ums Haar

und ich vergesse den Kaiser und seinen Talar.

Da bin ich mein eigener Herr

und stolz auf das Meer,

die Felder und Auen,

soweit mein Auge mag schauen.

Da fliegen meine Gedanken

fröhlich, ohne zu wanken,

bis weit an den Horizont,

bis zu dem silbernen Mond.

Da bin ich mein eigener Herr,

so frei, wie's schöner nicht wär.

König

Heute auf dem Balkon

dacht ich, ich wär ein König.

Die Leute knien vor meinem Thron

und rufen: „Hansl, du König, leb ewig."

Zeilen

Liebe Tante Ruth,

ich schreibe dir jetzt diese Zeilen.

Ich möcht so gern bei dir verweilen.

Die Sauce war so lecker und so gut

und ich liebe deinen eleganten Hut.

Ich möchte rosa Bonbons lutschen

und ein bisschen mit dir knutschen.

Ich möcht dich wiedersehn.

Es war so schön.

Schreib mir bitte bald.

Hier ist es ziemlich kalt.

Bei dir, wo auch der kleine Kaspar wohnt,

lächelt selbst der Mond.

Verschlafene Zeit

Heute schon wieder zu spät.

Gestern vom Winde verweht.

Vorgestern taten die Augen weh.

Morgen liegt viel zu viel Schnee.

Herr Lehrer, bitte verzeihn,

ich schaffe es niemals, pünktlich zu sein.

Ich möchte schon pünktlich sein,

aber mir schläft die Zeit immer ein.

Da kommen die Tränen.

Was kann ich denn tun?

Die Zeit ist so klein

und will einfach nicht pünktlich sein.

Vier Gesellen

Die Kokosnuss,

die gibt sich einen Kuss.

Der Affe steht dabei

und pinselt an 'nem Hühnerei.

Die Kokosnuss, der Kuss, der Affe und das Ei,

sie essen gerne Apfelmus mit Hirsebrei.

Sie sind zusammen vier

und schlürfen hin und wieder auch ein Hirsebier.

Flasche

Jetzt kommt der Opa in die Flasche

als traurig graue Asche.

Die Oma tut viel weinen.

Der treue Hund steht auf vier Beinen.

Flunder

Die flache Flunder

träumt von dem Holunder.

Sie wär so gern 'ne Beere,

weil's dann schön trocken wäre.

Blinde Kuh

Ene, mene, blinde Kuh,

der Reiter, der bist du.

Setz dich auf dein Pferdchen blau

und fliege über Tal und Au.

Die gelben Blumen sprießen.

Die Wolken hoch dich grüßen.

Und auch der Mond schwenkt die Laterne

und weckt schnell auf die Sterne.

Sie alle wollen sehn

den Reiter auf dem Pferdchen blau.

Sie alle stehn auf spitzen Zehn

am Himmelszelt und rufen: „Schau!"

Reiter, reite weiter,

immer lustig heiter

auf deinem Pferdchen blau

über Tal und Au.

Enten

All ihr Enten, ihr lieben,

wo seid ihr geblieben?

Wo ist das Gefieder,

so weiß wie duftender Flieder?

Wo ist der Flaum, so weich,

der schwamm im blauen Teich?

Der Teich ist nun traurig und leer.

Ich vermiss euch Enten so sehr.

Kommt bald doch zurück.

Ihr seid mir'n liebes Stück.

Schon lange tu ich warten.

Bin so allein in meinem Garten.

Zusammensein

Jetzt geh ich heimlich auf die Wiese.

Dort treff ich dann die Anneliese.

Dann rennen wir beide fort

an einen andern Ort.

Heute schlafen wir im Stroh.

Morgen geht's dann in den Zoo.

Die Eltern wollen wir nicht sehn.

Die waren bös und gar nicht schön.

Wir sind noch klein,

doch wollen wir zusammen sein.

Die Eltern können flennen,

doch können sie uns niemals trennen.

Schnupftabak

Eine Dose Schnupftabak

und einen weißen Frack.

So stell ich mir den Opa vor

mit seinem schönen Männerchor.

Die Oma sagt nicht viel,

der Opa war zivil.

Dann kam der Krieg.

Die Oma schwieg.

Der Opa ist schon lange tot.

Die Oma lebte lange weiter.

Dann fiel sie von der Leiter

und lag am Boden bleich und dunkelrot.

Der Opa fiel, die Oma fiel.

Ich lutsche mein Vivil.

Ich geh nun auf die Leiter

und klettre auf den Stufen immer weiter.

Flamingo

Der Flamingo rosa rot,

frisst nur sein trocken Brot.

Er steht auf einem Bein.

Das kann ich nicht, ich bin doch viel zu klein.

Oper

Neulich hörte ich Arien singen

im Haus der großen Oper.

Es war ein lieblich Klingen,

doch lag da auch ein Toter.

Es hat so rührend schön geklungen,

wie man den Toten hat besungen.

Man hat ihn in den Sarg gesteckt,

doch später wieder aufgeweckt.

Ich frage mich seither:

War er ein wirklich Toter?

Warum hat man ihn erst totgemacht

und dann lebendig rückgebracht?

Kerze

Ich zünd mir eine Kerze an.

Es wird dann still im Zimmer.

Da denk ich immer

an den Johann.

Das Licht brennt in den Docht.

Den Johann hab ich sehr gemocht.

Er war so klein, da wurd er mir genommen.

Er ist noch immer da, doch mehr und mehr verschwommen.

Traum

Ich träumte, der Florian kam zum Spielen.

Da hab ich mich gefreut.

Da war'n wir Glückszahl sieben

und sind ganz dicke Freunde geblieben

bis in alle Ewigkeit.

Krieg

Ich hau dem Krieg die Hände ab,

dann kann er nicht mehr schießen.

Mein Vater war im Krieg.

Er kann nichts mehr genießen.

Nikolaus

Ich wünsch mir einen Nikolaus,

so süß wie eine Weihnachtsschokoladenmaus,

nicht einen von den strengen,

der mich in einen Sack tut zwängen.

Großvater

Ich wünscht, ich hätt 'nen Großpapa

mit einem langen, weißen Kuschelbart.

Ich wünscht, er wäre immer für mich da

und hielte mich ganz lieb und zart.

Sprachlos

Ich steh an diesem Orte,

doch habe ich keine Worte.

Ich wünschte, sie kämen vom Versteck heraus.

Doch ich bin stumm wie eine Fledermaus.

Und weil ich bin so stumm,

denkt jeder, ich bin dumm.

Ach, wie vieles tut im Kopf mir kreisen,

aber niemand kann ich es beweisen.

Abendspaziergang

Jetzt will ich noch ein bisschen spazierengehn.

Dort um die Ecke,

da steht die schöne Rosenhecke.

Da lass ich die Zeit vergehn.

Der Morgen hat mich sanft geweckt.

Die Nacht hat mich ins Bett gesteckt.

Jetzt zieht der Tag nochmals vorbei.

Es war so viel, so mancherlei,

so vieles staunend anzusehn

im Lauf der Stunden, die vergehn.

Jede Stunde neu.

Manches froh, andres ängstlich scheu,

aber auch Sachen

zum Lachen.

Traurig und munter,

trübgrau und bunter,

Holunder und Lichter,

und, ja, auch Bösewichter.

So vieles war da,

wie im Theater,

eine quirlig wunderbare Welt

unter'm großen Himmelszelt.

Bald werd ich schlafen

und träumen von Giraffen,

hüpfenden Affen

und vom Land der Schlaraffen,

von verwunschenen Reisen,

leckeren Speisen,

von lieben Herzen

und wärmenden Kerzen.

Und so geht's höher und immer höher und weiter

auf der langen Hühnerleiter.

Und eines Tages bin ich richtig groß.

Dann kauf ich mir ein edles Ross.

Dann reit ich weit und weiter,

so frei und heiter

und ohne Hühnerleiter.

Dann bin ich ganz mein eigner Herr.

Dies ist mein Traum, so herrlich wie das blaue Meer.

Blick

Ich mag den Baum vor meinem Fenster.

Er träumt mir vieles vor.

Er ist zu hoch für die Gespenster.

Er singt so sanft im Wind wie mein geliebter Chor.

Stiller Schmerz

Manchmal bin ich so still,
weil mein Herz es so will.
Dann klingt sachte und leise
eine uralte Weise.

Von blauen Monden
und silbernen Zinnen,
von Wassern gar wundergrün,
über die vergoldete Kraniche ziehn.

Dann zieht ein Schmerz
durch mein Herz,
hauchzart und ferne,
so fein wie der Schimmer der Sterne.

Dann schlafe ich ein,
als könnte es immer so sein.

Melodien

Manchmal lieg ich nachts im Bette.

Dann träum ich um die Wette

von all den schönen Melodien,

die mir am Ohr vorüberziehn.

Dann höre ich Klänge,

wie Engelsgesänge.

Dann höre ich Stimmen

tief drinnen.

Dann hör ich Töne,

ganz wunderschöne.

Auf und nieder

immer wieder.

Nah und fern,

und, ach, so gern, so gern.

Küsschen

Noch ein Küsschen auf die Wange,
damit mir's wird nicht bange.
Denn nun fahr ich lange
durch die dunkle Nacht.

Der Mond zieht still und sacht
und aus der Ferne lacht
mein Lieblingsstern,
den ich mag so gern.

Und auch Englein,
so zierlich und fein
im goldenen Ringelreihn
begleiten die Fahrt
mit Melodien, so zart.

So schlafe ich ein, mit Rosen bedacht
in die träumende Nacht.

DANK

Es ist mir eine große Freude, den Menschen zu danken, die den Weg zur Veröffentlichung des *Versecircus* mit ihrer Anteilnahme begleitet und dank ihrer professionellen Fähigkeiten und ihrem Engagement ermöglicht haben.

So gilt mein großer Dank Silvia Moser für ihre Bereitschaft, sich der Lektüre des *Versecircus* zu widmen und mir ihre wertvollen Rückmeldungen zukommen zu lassen, Susanne Kraft für ihre Durchsicht der Texte und ihre stilistischen Verfeinerungen und Uwe Kohlhammer für sein designerisches Talent, ein rohes Manuskript in das Gewand eines eleganten Layouts zu kleiden.

ÜBER DEN AUTOR

Dr. med. Peter Heinl MRCPsych
Arzt für Psychiatrie, Psychotherapie und Familientherapeut

Medizinstudium an den Universitäten Heidelberg, Montpellier (als Stipendiat der Universität Heidelberg), Bochum, Hamburg und Freiburg

Wissenschaftliche Arbeit bei Prof. Dr. Dr. J. C. Rüegg und dem Nobelpreisträger Sir Andrew Huxley OM PRS

Magna cum laude Promotion

DAAD Forschungsstipendiat

Postgraduate Training in Psychiatrie und Psychotherapie am Maudsley Postgraduate Teaching Hospital sowie Sheldon Fellow des Advanced Family Therapy Course an der Tavistock Clinic in London

Klinische und Seminar-, Ausbildungs- und Lehrtätigkeit

Mitglied des Royal College of Psychiatrists, London

International Fellow der American Psychiatric Association

Mitglied des Deutschen Kollegiums für Psychosomatische Medizin

Mitglied des Wissenschaftlichen Beirats Holocaust Center Austria

Patron des Children-in-War Memorial Day Project, London

Mitglied weiterer Fachgesellschaften und wissenschaftlicher Beiräte

Verfasser zahlreicher Publikationen in den Gebieten Muskelphysiologie, Psychiatrie, Psycho- und Familientherapie, Psychosomatik und Psychotraumatologie

Autor der Bücher

„MAIKÄFER FLIEG, DEIN VATER IST IM KRIEG …"
Seelische Wunden aus der Kriegskindheit

SPLINTERED INNOCENCE
An Intuitive Approach to Treating War Trauma

LICHT IN DEN OZEAN DES UNBEWUSSTEN
Vom intuitiven Denken zur Intuitiven Diagnostik.
Ein Leitfaden in den Denkraum

SCHLAFLOSER MOND
Im Labyrinth des Chronischen Erschöpfungssyndroms

LAVATANZ
Worte im schwebenden Raum

ESTHER K.
genannt Emma.
Eine Märchenfantasie

LICHTSCHNEE
Im Wortraum

DIE TAGE AM WORTSEE
Roman

VERSECIRCUS

Koautor, mit Dr. Hildegund Heinl, des Buches

KÖRPERSCHMERZ – SEELENSCHMERZ
Die Psychosomatik des Bewegungssystems.
Ein Leitfaden

BÜCHER VON HILDEGUND HEINL UND PETER HEINL

IM THINKAEON VERLAG

Neu erschienen als Buch und als EBook

UND WIEDER BLÜHEN DIE ROSEN

Mein Leben nach dem Schlaganfall

Erstmals erschienen bei Kösel, München, 2001

Heinl, H.: Thinkaeon, London, 2015 (Neuauflage)

Erhältlich über www.Amazon.de

„MAIKÄFER FLIEG,
DEIN VATER IST IM KRIEG ..."

Seelische Wunden aus der Kriegskindheit

Heinl, P.: Kösel, München, 1994, 8. Auflage

Neu erschienen als Buch und als EBook

„MAIKÄFER FLIEG,
DEIN VATER IST IM KRIEG ..."

Seelische Wunden aus der Kriegskindheit

Erstmals erschienen bei Kösel, München, 1994

Heinl, P.: Thinkaeon, London, 2015

Erhältlich über www.Amazon.de

KÖRPERSCHMERZ-SEELENSCHMERZ

Die Psychosomatik des Bewegungssystems

Ein Leitfaden

Heinl, H. und Heinl. P.: Kösel, München 2004
6. Auflage

Neu erschienen als Buch und als EBook

KÖRPERSCHMERZ-SEELENSCHMERZ

Die Psychosomatik des Bewegungssystems

Ein Leitfaden

Erstmals erschienen bei Kösel, München, 2004

Heinl, H. und Heinl. P.: Thinkaeon, London, 2015 (Neuauflage)

Erhältlich über www.Amazon.de

Neu erschienen als Buch und als EBook

LICHT IN DEN OZEAN DES UNBEWUSSTEN

Vom intuitiven Denken zur Intuitiven Diagnostik

Ein Leitfaden in den Denkraum

Heinl, P.: Thinkaeon, London, 2014

Erhältlich über www.Amazon.de

Soon available

LIGHT INTO THE OCEAN OF THE UNCONSCIOUS

From Intuitive Thinking to Intuitive Diagnostics

A Path into the Realm of Thinking

Heinl, P.: Thinkaeon, London, 2017

Soon available via Amazon

Neu erschienen als Buch und als EBook

SPLINTERED INNOCENCE

An Intuitive Approach to Treating War Trauma

Erstmals erschienen bei Routledge, London New York, 2001

Heinl, P.: Thinkaeon, London, 2015

Erhältlich über www.Amazon.de

Neu erschienen als Buch und als EBook

SCHLAFLOSER MOND

Im Labyrinth des Chronischen Erschöpfungssyndroms

Heinl, P.: Thinkaeon, London, 2016

Erhältlich über www.Amazon.de

Neu erschienen als Buch und als EBook

LAVATANZ

Worte im schwebenden Raum

Heinl, P.: Thinkaeon, London, 2016

Erhältlich über www.Amazon.de

Neu erschienen als Buch und als EBook

**ESTHER K.
GENANNT EMMA**

Eine Märchenfantasie

Heinl, P.: Thinkaeon, London, 2016

Erhältlich über www.Amazon.de

Neu erschienen als Buch und als EBook

LICHTSCHNEE

im Wortraum

Heinl, P.: Thinkaeon, London, 2016

Erhältlich über www.Amazon.de

Neu erschienen als Buch und als EBook

DIE TAGE AM WORTSEE

Roman

Heinl, P.: Thinkaeon, London, 2016

Erhältlich über www.Amazon.de

Neu erschienen als Buch und als EBook

VERSECIRCUS

Heinl, P.: Thinkaeon, London, 2016

Erhältlich über www.Amazon.de

www.ingramcontent.com/pod-product-compliance
Lightning Source LLC
Chambersburg PA
CBHW071005160426
43193CB00012B/1926